Sauvage

POÉSIES LATINES

EN L'HONNEUR

DE SAINT VITAL, ABBÉ DE SAVIGNY

(XIIe SIÈCLE)

Textes. -- Imitations en vers français. -- Commentaires

PAR

MM. HIPP. SAUVAGE ET CAMILLE JAMONT

AVRANCHES

IMPRIMERIE TYPOGRAPHIQUE ET LITHOGRAPHIQUE DE JULES DURAND

RUES BOUDRIE, 2, ET QUATRE-ŒUFS, 24

—

1902

(14)

POÉSIES LATINES

EN L'HONNEUR

DE SAINT VITAL, ABBÉ DE SAVIGNY

(XIIe SIÈCLE)

Textes. -- Imitations en vers français. -- Commentaires

PAR

MM. Hipp. Sauvage et Camille Jamont

AVRANCHES

IMPRIMERIE TYPOGRAPHIQUE ET LITHOGRAPHIQUE DE JULES DURAND
RUES BOUDRIE, 2, ET QUATRE-ŒUFS, 24

1902

POÉSIES LATINES

En l'honneur de saint Vital, abbé de Savigny

(XIIe Siècle)

Textes. — Imitations en vers français. — Commentaires

Par MM. Hipp. Sauvage et Camille Jamont

Les compositions du Moyen-Age remontant aux premières années du XIIe siècle présentent à nos yeux un exceptionnel intérêt, lorsque surtout elles concernent notre Avranchin. Bien plus, elles revêtent un charme indicible pour nous si elles savent prendre une forme nouvelle et moderne que leur donne un soufle poétique, rempli d'art et de sensibilité.

Nos chers collègues, nous osons l'espérer, partageront bientôt notre émotion avec nos propres impressions en nous permettant de leur communiquer nos découvertes, et en leur parlant encore une fois de saint Vital, dont la grande renommée a toujours plané sur notre pays qu'il a illustré.

Nous leur présentons aujourd'hui avec confiance cinq œuvres distinctes, qui concernent cet éminent apôtre de la première croisade. L'une d'elles est absolument inédite ; les autres figurent dans de grandes collections (1), qui ne sont qu'aux mains des savants, c'est-à-dire du petit nombre. Aucune n'a jusqu'ici jamais été transformée en vers français.

Ce sont :

1° L'inscription qui se trouvait sur le tombeau primitif de saint Vital.

---

(1) Bibliothèque de l'Ecole des Chartes. 2e série, t. III, 361-412. — M. Léopold Delisle. Rouleaux des Morts du XIe au XVe siècle. 1856. — Romania. Revue. 1872, t. I, p. 23 à 50.

2° L'éloge de saint Vital, composé par Baudri de Bourgueil, évêque de Dol, qui fut son ami.
3° Une ode latine de Hugues d'Avranches.
4° Une pièce de poésie de Notre-Dame de Paris.
5° Une autre versification attribuée à la célèbre Héloïse.

Nous avons fait suivre chacun des textes d'une imitation en vers français, qui n'a nullement la prétention d'être une traduction littérale, ni textuelle du rhythme latin, — souvent bien difficile à rendre dans sa prime fraîcheur, toujours gracieuse, — mais qui cherche simplement, sous une forme alerte, vive et élégante à faire éprouver au lecteur le même sentiment que reçoit le lettré en lisant l'original.

1° Epitaphe tumulaire de saint Vital

Vitalis vita puer et vir vixit honesta :
 Canonicus primô, post heremita bonus.
Cœnobium Savigneii construxit, et abbas
 Primus in hoc sanctè vixit et utiliter.
Jejunans, vigilans, orans, sic membra subegit
 Quod caro spiritui subdita jure fuit.
Vox clamantis erat spargendo semina verbi,
 Verus prœco Dei sedulus atque labens.
Ipse die postquam decessit nocte secundâ,
 Obtulerat Domino sacra sacer sacrifex.
Psallebant Domino fratres, psallebat et ipse.
 Psallens ascendit spallere dulcè Deo.
Hospitium carnis cœli novus incola liquit,
 Cum sol egreditur Virginis hospitium.

Epitaphe

Vital, enfant et homme, a vécu pour le bien.
 Prêtre d'abord, puis moine austère.
Il fonda Savigny, dont il fut le gardien :

Premier abbé du monastère.
Jeûner, veiller, prier, et combattre son cœur,
　　Fut la loi de sa vie entière.
Il proclama toujours le verbe du Seigneur
　　D'une voix douce, mais sévère.
Et la nuit succédait à la clarté du jour
　　Sans interrompre ses prières
Qui montaient au Seigneur, dans un élan d'amour
　　Et pour son Dieu et pour ses frères.
Dans la splendeur d'un soir, par un couchant vermeil,
　　La Vierge l'endormit, pour l'éveiller au ciel.

Notre conviction est que le premier de ces documents doit être de Baudri, alors évêque de Dol, en Bretagne. Voici les preuves que nous pouvons donner à l'appui de ce sentiment.

Ce distingué prélat est bien connu comme l'auteur d'un grand nombre d'écrits en prose et en vers (1). Constamment en relations avec les savants de son temps, il se fit toujours un devoir de célébrer les talents et les vertus de ceux d'entre eux qui l'avaient honoré de leur amitié. Il composa même les épitaphes tumulaires de la plupart de ceux-ci, et les Bénédictins de la Congrégation de Saint-Maur (2) se sont étonnés, à juste titre, que personne n'ait pris le soin de composer la sienne, pour la faire inscrire sur son cénotaphe.

Ces circonstances multiples établissent donc une très forte présomption en faveur de notre allégation.

De plus, il n'est pas douteux que l'évêque de Dol connaissait parfaitement, et l'abbaye de Savigny, et Vital lui-même, puisqu'en l'année 1112, dans ce même monastère, il proclama d'une manière éloquente la haute faveur et la générosité du roi Henri Ier d'Angleterre, qui avait bien voulu souscrire de sa propre main aux dons importants de Raoul de Fougères, et apposer son scel sur la charte de leur confirmation (3). A l'oc-

---

(1) Larousse. Grand dictionnaire universel du XIXᵉ siècle.
(2) Histoire littéraire de la France, t. XI, p. 103.
(3) Gallia Christiana. t. XI. Instrumenta. col. III et t. XIV, 1856. — auvage. Recherches historiques sur Mortain, p. 116.

casion de cet acte de munificence, il y eut évidemment au monastère une très imposante cérémonie et Baudri en fut l'orateur sacré.

Enfin, l'éloge de Vital, fait par l'évêque de Dol, se trouve dans le recueil manuscrit de ses poésies, inédites pour la plupart, que possède la Bibliothèque du Vatican, à Rome, et qui provient du fonds de la reine Christine de Suède. Nous faisons connaître cette poésie.

L'épitaphe en vers de Saint Vital fut publiée d'abord par Baluze (1), puis reproduite par les Bénédictins de Saint-Maur, dans leur histoire littéraire (2).

Au mois d'août 1562, ce tombeau de Vital subit les outrages des disciples de Calvin, qui en brisèrent les marbres, aussi bien que ceux des autres saints de Savigny. Leurs inscriptions furent réduites en poussière et jetées aux vents. Plus tard, lorsque le cardinal du Bellay put réparer ces désastres, des tombes nouvelles reçurent d'autres inscriptions en prose latine. Un fragment de celle de saint Vital, qui se voit aujourd'hui dans l'église paroissiale de Savigny-le-Vieux, ne montre plus qu'une lecture absolument incomplète ....QVEMDAM MILITEM POPVLO PRŒSENTE SVIS SANCTIS PRECIBVS RESUSCITAVIT. Cette légende rappelle un miracle insigne opéré par ce thaumaturge.

2° Distiques dédiés à saint Vital par Baudri, évêque de Dol

AD VITALEM

Vitali nostro dic, nostrum carmen, aveto,
   Dic quod eum deceat, dic sibi quod placeat.
Me sibi gratifica, cupio sibi gratificari
   Quem mihi complexum viscera nostra foveat

---

(1) Baluzii. Miscellanea. t. IV, p. 15.
(2) Hist. Litt. t. X. p. 334.

Visceribus nostris precunctis solus inherit
   Solus pre cunctis me penitus tetigit.
Si vero queris quid in hoc spéciale notatur,
   Mores, nobilitas, forma, decus, probitas.
Simplicitas, astuta simulque astucia simplex
   Altera res decus est et decor alterius ;
Callidus ut serpens, simplex ut rauca columba
   Œtatem superat propter utrumque suam.
Prœterea puerum facundia tanta replevit
   Vix ut Vitalem Tullius equiperet.
Si fidibus servire velit vocive canore
   Aut utrique simul Orpheus alter erit.
Ergo Vitalis a me nusquam dirimetur
   Sane animam donec seva dies adimat ;
Tunc quoque, si cœtero michi commendare vel illi
   Amborum flatus spiritus unus erunt.
Interea lucido nos complectamur amore
   Amborum nitide quo mage sint anime
Sed œque quis sancti nomen devivet amoris

. . . .

A Vital

Je chanterai Vital, je redirai son nom,
J'exulterai sa gloire en disant qu'il fut bon.
Hélas ! pour lui j'avais une ardente tendresse,
Et sa mort m'a causé une affreuse tristesse.
Car mon cœur à son cœur fut toujours attaché,
Et son cher souvenir n'en peut être effacé.
Mes vers sont impuissants pour chanter sa mémoire,
Pour dire ses vertus, pour proclamer sa gloire.
Il fut ingénieux, plus encore ingénu ;
Aussi tous l'ont aimé, tous ceux qui l'ont connu.
Il avait du serpent la discrète prudence,
De la blanche colombe, il avait l'innocence.
Comme une source vive, aux eaux de pur cristal,
S'épandait doucement le verbe de Vital.

D'orphée il faut avoir la lyre harmonieuse,
Pour chanter dignement sa vie bienheureuse.
Mais je veux cependant, jusqu'à mon dernier jour,
Célébrer sa louange, en des chants pleins d'amour.
Quand j'aurai parcouru ma modeste carrière,
Que son cœur et le mien fassent qu'une prière,
Et que du haut des cieux, nos esprits confondus
Bénissent le Seigneur, avec tous les élus !

. . . .

———

. . . .

On sait qu'une partie notable du célèbre Rouleau de saint Vital a disparu depuis près de deux cent cinquante ans. L'Encyclique et un certain nombre de titres funèbres n'y existaient déjà plus lorsque Baluze s'en procura une copie à l'abbaye de Savigny, en 1679 (1).

La minute de ce Rouleau avait été portée d'abord dans les diocèses voisins, à Avranches, à Dol, à Rennes et probablement dans une partie de la Bretagne, puis à Coutances. Or les premières suscriptions qui s'y trouvent conservées sont celles de Lessay, de Saint-Etienne de Caen, de La Trinité de Caen, et de Notre-Dame de Bayeux.

Nous pensons donc, avec juste raison, que la poésie de Baudri, de Dol, doit être revendiquée sans crainte par ce rouleau et peut y être restituée, bien avant celle de Lessay. Elle a d'autant plus de prix actuellement qu'elle est inédite, et que son premier distique a seul été indiqué par notre éminent compatriote M. Léopold Delisle, dans ses notes sur les *Poésies de Baudri, abbé de Bourgueil.* (2).

Sous le titre *Ad Vitalen*, Baudri rend effectivement un hommage sans réserve à la mémoire du bienheureux et il trace

---

(1) Cette copie est conservée à la Bibliothèque Nationale dans la collection Baluze, tome 45, n° 371-389.
(2) Romania. Revue 1872, tome 1er, p. 23 à 50.

en quelques vers rapides l'expression de son plus affectueux souvenir pour lui. En outre de son épitaphe lapidaire, l'évêque a donc voulu inscrire sur le précieux vélin, qui lui était présenté, cette preuve indéniable des sentiments intimes de son cœur. Le copiste du manuscrit de la reine Christine a pris soin de conserver ces douze distiques dans son recueil des œuvres lyriques du maître ; nous lui en avons une infinie gratitude.

Examinons au surplus quelle fut la valeur de Baudri en tant que prosateur et poète. Et dès maintenant, disons que son œuvre eut un certain retentissement dans son siècle, mais que plus tard il fut bien oublié, car enfin, il faut bien le reconnaître, chaque période séculaire ne nous a guère laissé plus de trois ou quatre noms qui leur survivent.

Baudri, que l'on désigne plus particulièrement sous la dénomination de Bourgueil, naquit vers l'année 1047, à Meung-sur-Loire, au diocèse d'Orléans. Il fit ses premières études sous Hubert, savant professeur, dont il rehaussa le mérite. A Angers, alors célèbre pour son école, le jeune disciple fit des progrès rapides dans les sciences, aussi bien que dans la connaissance des belles-lettres, et il rechercha des liaisons avec les savants.

Bientôt il entra à Bourgueil (1), abbaye de l'ordre de saint Benoit, située près des limites de l'Anjou, et il en devint abbé en 1079 (2). Ni sa profession religieuse, ni les devoirs imposés à son titre d'abbé, ne le détournèrent cependant de ses penchants pour les études littéraires. Il s'appliqua même à la poésie, très en faveur auprès de ses contemporains. Mais une certaine inclinaison vers le genre satirique lui ayant attiré quelques observations piquantes, il apporta aussitôt une sévère modification dans ses manifestations lyriques.

De ce moment, il semble s'être exercé à célébrer les savants qu'il avait connus dans le monde et les hommes de mérite avec lesquels il s'était toujours rencontrés. En effet, Baudri se trouva en contact fréquent avec les esprits les plus cultivés de son temps, et c'est grâce à lui, et surtout aux poésies qu'il composa en leur honneur, que leurs noms nous ont été transmis

---

(1) Bourgueil, arrondissement de Chinon (Indre-et-Loire).
(2) Le Long. Bibliographie Française, p. 747.

et conservés. Entre tous, Adèle, comtesse de Blois, fille du roi Guillaume le Conquérant, et Cécile, sa sœur, abbesse de La Trinité de Caen, très versées l'une et l'autre dans la littérature, l'honorèrent d'une distinction particulière (1). Ce fut pour elles qu'il écrivit en vers *l'Histoire de la Conquête de l'Angleterre*, dont le poème retrouvé dans le manuscrit du Vatican, a été publié récemment par M. Léopold Delisle (2). Parmi les religieux avec lesquels il se lia également, nous tenons à rappeler Johel, abbé de La Couture, au Mans, dont nous avons écrit la vie (3), et qui était du Mortainais.

Baudri, qui fut un prélat d'une sérieuse valeur, se trouva mêlé du reste à divers grands événements de son temps.

En l'année 1079, il avait tenté d'obtenir l'évêché d'Orléans ; son désir ne fut pas exaucé, malgré la protection de la reine. Plusieurs années après, sa piété et ses vertus sacerdotales lui méritèrent son élévation au siège de Dol, en Bretagne, qui dans ce siècle était qualifié du titre d'archevêché (4). Son sacre qui eut lieu le 23 décembre 1107, dans la cathédrale de Dol, fut présidé par Gérard, évêque d'Angoulême, envoyé comme légat en Bretagne, par le Pape Pascal II.

L'année suivante, après avoir, le 9 mai 1108, pris part à Rennes à une assemblée d'évêques qu'avait présidé le duc Alain Fergent, Baudri partit pour Rome. Le Souverain Pontife lui offrit le *pallium* (5). Lors de son retour en France, il fut accompagné par Jean, évêque de Saint-Brieuc ; et tous les deux séjournèrent à l'abbaye de Saint Florent de Saumur, le 6 mars 1109 (6).

Le célèbre historien Normand, Ordéric Vital, qui connut

---

(1) Histoire Littéraire de la France, par les Bénéd. de Saint-Maur, t. XI, p.

(2) Poème adressé à Adèle, fille de Guillaume le Conquérant, Caen, 1871, in 4º.

(3) Mémoires de la Société d'Archéologie d'Avranches, t. IV, p. 543.

(4) *Pro religione et sapientia ad gradum Dolosem archiepiscatus electione provectus ecclesiastica.* Ordericus Vitalis. hist. Normann. Liber IX.

(5) Dom Martène. Anecdotes, t. III, col. 882.

(6) d'Achery. Spicilegium, t. VII, p. 196.

parfaitement Baudri, nous a fait de lui un portrait élogieux.
» Quoiqu'évêque, dit-il, Baudri ne retrancha rien des austérités
» de la règle religieuse, dont il avait fait profession. Ni ses
» fatigues, ni sa dignité ne furent pour lui un prétexte de
» s'en dispenser jamais. Il vivait en cénobite, et souvent
» avec ses frères, qu'il visitait autant qu'il lui était possible,
» il ne rougissait point de suivre les exercices les plus rigou-
» reux (1). »

Rebuté de la *barbarie* de son peuple, qui habitait les côtes maritimes, il résolut de quitter cette région, et passa en Angleterre. Il n'exécuta pourtant son projet qu'après avoir assisté, le 15 octobre 1119, aux funérailles d'Alain Fergent, duc de Bretagne, puis ensuite au Concile que le Souverain Pontife Callixte II avait indiqué à Reims, le 20 octobre de la même année.

Après un séjour de quelques années en Angleterre, Baudri vint en Normandie, où il visita les abbayes du Bec, de Fécamp, de Fontenelles, de Jumièges et autres de cette région, dans lesquelles il exerça son zèle (2). Ensuite, il se rendit au Concile général que Callixte II avait fixé à Rome, en 1123, et auquel il avait été convié.

Mais il ne voulut pas revenir à Dol. Il fit alors choix pour les dernières années de sa vie, de certaines dépendances que son évêché possédait dans la Haute-Normandie, et particulièrement de Saint-Samson-sur-Rille, où, le 16 décembre 1129, il fit la dédicace d'une nouvelle église qu'il y avait bâtie. Deux jours après, il procéda aux mêmes cérémonies pour l'église de Saint-Laurent-de-Maurise. Ces deux édifices dépendaient l'un et l'autre de son siège.

Quelques semaines plus tard, le 7 janvier 1130, Baudri mourait dans un âge avancé, à 84 ans. Il avait été 30 années abbé de Bourgueil et 22 ans évêque ou archevêque de Dol. Sa dépouille mortelle fut ensevelie dans l'abbaye de Préaux.

Nombreux sont ses ouvrages. Nous ne saurions les énumérer tous ; ils sont trop.

---

(1) Order. vit. Lib. IX. — Mabillon. Annales, t. 1, 71, n° 66.
(2) *Et in timore Dei sermonibus reconfortabat.* Neustria Pia, p. 312.

1° L'ouvrage le plus considérable que nous avons de Baudri est son *Histoire de la première Croisade*. Ordéric Vital en faisait un si grand cas qu'il y puisa tout ce qu'il a rapporté de cette importante expédition lointaine. Le Baud (1), en a tiré également la plus grande partie de son récit de la *Conquête de Jérusalem*.

2° *Des Gloses sur le Pentateuque*.

3° *Gesta Pontificum Dolensium*. Ce livre comprend les annales de son église, depuis saint Samson, jusqu'au XII° siècle.

4° *La vie de saint Samson*.

5° *La chronique de Fontevrault*, contenant la vie de Robert d'Arbrissel, avec qui Baudri fut très lié.

6° *La vie de saint Hugues*, archevêque de Rouen.

7° *L'Histoire de la translation faite de Rome à Jumièges, du chef de Saint Valentin, prêtre et martyr*.

8° L'historien Duchesne reporte au même auteur trois écrits sur la célèbre *abbaye de Fécamp*.

9° Baudri passe également pour avoir composé une *Histoire de Saint Valentin*, qui souffrit le martyr sous l'empereur Commode.

10° On lui attribue encore un *Traité de la Visite des Malades*, manuscrit conservé au Mans, autrefois dans la bibliothèque de Lambeth, ainsi qu'à la Bibliothèque Impériale de Vienne, en Autriche.

Toutes ces compositions sont en prose.

Quant à ses *Poésies*, beaucoup d'entre elles sont encore inédites.

André Duchesne n'en a fait connaître qu'une très faible partie dans le tome IV des *Historiens de La France*, depuis la page 252 jusqu'à la page 278, in-folio (2). Migne les a reproduites dans sa volumineuse *Patrologie*, tome CLXVI. Dom Mabillon, dans le supplément de sa *Diplomatique*, a signalé l'un des manuscrits des Poésies de Baudri, comme se trouvant à la Bibliothèque Ottobonienne. Nous répétons ici qu'un autre

---

(1) **Histoire de Bretagne.**

(2) **Voir aussi la collection des manuscrits de Duchesne, à la Bibliothèque Nationale, tome XLIX.**

manuscrit du XII⁰ siècle de ce même poète est actuellement à la Bibliothèque du Vatican, à Rome.

Ce qui est certain, c'est que dans son siècle, les suaves poésies de Baudri furent très goûtées de ses contemporains. *Fuit is haud incelebris suo tempore poeta*, a dit de lui le P. D. Mabillon (1). Mais comme la plupart n'avaient rien de caractéristique, ni de général, qu'elles n'étaient en quelque sorte que les reflets des impressions passagères laissées par les notabilités de ces époques moyenageuses bien lointaines, dont les noms ont été rapidement oubliés, elles n'ont laissé que des souvenirs peu durables. D'ailleurs Baudry fut trop abondant pour ne pas se répéter parfois, et, la critique frondeuse, surtout pour les personnages religieux, dont il fit l'éloge, lui reprocha d'avoir voulu trouver pour ses héros des termes souvent exagérés, en les mettant en parallèle avec certains noms de l'antiquité païenne, et en disant que tel était un second Cicéron, un autre un Virgile, un Aristote, un Démosthènes ; qu'il surpassait Homère ; que Nestor, Ulysse, Crésus, Quintilien, étaient réunis en leurs personnes ; que cet autre fut le Platon et le Socrate de son temps, etc. etc. et qu'enfin, grand admirateur des poètes profanes, il se plut fort aux comparaisons mythologiques.

Cependant, à nos yeux, les poésies de l'évêque de Dol ont un certain cachet qui revêt un aspect qui lui est propre, personnel, et non dépourvu d'un charme lyrique et d'un grand sens poétique.

3° *Ode latine de Hugues d'Avranches*

VERSUS HUGONIS ABRINCENSIS

Abbas Vitalis vita discessit ab ista,
 Et de terrenis transiit ad superos ;
Ingressum patrie carnis resolutio pandit,
 Et reserat vite gaudia mortis iter ;
Nec dubios nos esse sinit quem movimus, a quo

---

(1) *Annales*. t. I. p. 65, n° 68.

Pendebat tante relligionis apex.
Non hunc pauperies monachum neque gloria vana,
    Sed nec prelatum fecit honoris amor.
Ut sibi prodesset, monachus; prelatus, ut illos
    Eveheret, quos jam verterat in monachos.
Nec prius in populum de paupertate tenenda
    Disseruit, quam qui pauper et ipse foret.
Non ideo quod non dives fuerit, sed ad horam
    Pro sempiternis preteritura dedit.
Hic vestes niveas se subjectos que fideles
    Induerat, casti pectoris indicium.
Non unquam caro, non oleum, non vina frequenter
    Augebant mensas vel sibi, vel monachis.
Nature satis esse videns quod vivere posset;
    Vilibus indutus, sepius exuriit.
Nec soli sibi se natum sed ad utilitatem
    Communem cunctis lux specialis erat.
Totus in hoc ut per divini semina verbi
    Errantes animas verteret in melius.
Virga manum, mentem pietas, sapientia pectus,
    Ornabant vultum gracia, verba nitor.
Omnibus acceptus, omnes capiebat amore
    Et cum quoque statum moris habens proprii.
Nec minus exemplo populum quam voce docebat,
    Et duplex monitum consona vox operi.
Mens docilis, doctrina frequens, et gracia verbi,
    Cordis simplicitas, et facies hilaris.
Consilium grave, sana fides, reverentia morum,
    Affatus dulcis, integra relligio.
Invidiam procul hac a persona relegabant,
    Et dederant faciles ad sua vota viros.
Non sibi difficiles effectus inveniebat.
    In solidam pacem restituens odia.
Nec mirum cui pax inerat, si pacis amator
    Discordes poterat conciliare sibi.
O quante virtutis homo ! Quam grata loquendi
    Gracia ! Quam dulcis vox et amoris habens !
Non labor aut pigrum tristemque coegit egestas
    Ad circonstantes dissimulare loqui.

Non indignantem pauper, timidumve potestas
    Invenit suppex huic, aliique minax.
O quanti meriti pastor qui solus in omnes
    Exemplum sacre relligionis erat !
Et puto pro culpa populi quod judicis ira
    In terris illum noluit esse diu.

Vers d'Hugues d'Avranches

Dom Vital, dédaigneux de vivre sur la terre,
    S'est enfui vers les cieux.
Il a courbé sa chair sous une loi sévère,
    Il est mort bienheureux.
Tous ceux qui l'ont connu, tous ceux qui l'ont aimé,
    Célèbrent sa mémoire.
Aux honneurs d'ici-bas, il ne s'est point donné,
    Méprisant trop la gloire.
Mais il fut un vrai moine et un pieux abbé
    De son saint monastère.
Il chérissait le pauvre et le déshérité,
    Dont il était le père.
Sa douce charité versait à pleines mains
    L'aumône sans mesure.
Son ample robe blanche enseignait aux humains
    Que son âme était pure.
Et la viande, et l'huile, et le vin généreux,
    Tous bannis de sa table,
N'ayant pour soutenir son jeûne rigoureux
    Qu'un repas détestable.
Pour les grands et les humbles il était un flambeau
    D'éclatante lumière.
Il semait dans les cœurs la semence du beau,
    Du bien, de la prière.
Dans ses yeux on lisait une tendre douceur,
    Sa parole était sage.
Le bienvenu partout, des châteaux du seigneur,
    Aux taudis du village,
Il instruisait le peuple au précepte divin

D'une voix convaincante.
Son esprit était vaste et son cœur très chrétien,
　　　Sa parole charmante.
On suivait ses conseils, on admirait sa foi,
　　　Sa science éloquente.
Il arrachait le masque et jetait dans l'effroi
　　　L'envie grimaçante.
Son aimable vertu triomphait aisément
　　　Des peines les plus dures.
Il redonnait la paix et le contentement
　　　Aux âmes les moins pures.
Quel homme vertueux ! Quel ardent orateur !
　　　Il fut toute sa vie !
Il combattit toujours l'angoisse et le malheur
　　　Sous lesquels chacun plie.
Il ne pouvait pas voir la triste humanité
　　　Sans lui dire : Espérance !
Il étendait sur tous son extrême bonté,
　　　Sa douce bienveillance.
Un long convoi de peuple, aux vêtements de deuil
　　　A suivi son cercueil.

Cette poésie, ainsi que celles du chapitre primatial de Paris et d'Héloïse, se trouvent dans le Rouleau de saint Vital, sous les n°ˢ 173, 47 et 41.

A deux reprises différentes (1) nous avons déjà décrit ce fameux document paléographique composé de 208 titres différents ; nous n'y voulons pas revenir.

Il y a lieu seulement de répéter avec M. Léopold Delisle (2), que c'est sans fondement aucun que l'abbé Desroches (3) a voulu attribuer ses vers à Hugues, comte d'Avranches.

Hugues d'Avranches fut un simple religieux de l'abbaye de

---

(1) Sauvage. Bibliographie Normande, n° 3. La Bibliothèque de Mortain. — Sauvage. Saint Vital et l'abbaye de Savigny. Le Rouleau de saint Vital, 1895, p. 10.
(2) Rouleaux des Morts, 1866, p. 333, note 1.
(3) Mémoires des Antiquaires de Normandie, 2ᵉ série, t. X. 253.

Notre-Dame de Découverte d'Angers (1). Aussi bien que Saint Pierre d'Avranches, l'un de nos Saints de Savigny, cet autre moine fut désigné par ses frères, dans le monastère, sous l'indication du lieu de sa naissance, à Avranches. Tel était l'usage constant au XIIe siècle, et l'on sait très positivement que ce ne fut que beaucoup plus tard que les familles adoptèrent des noms patronymiques. En ce temps, on désignait toujours les individus dans ces termes : *tel* fils de *tel autre*, ou plus souvent encore un *tel* de *telle localité*.

L'hommage ému d'Hugues d'Avranches à Vital a de l'ampleur. C'est une ode véritable.

Le nom d'Hugues d'Avranches est évidemment à ajouter à l'étude si distinguée de notre confrère M. Charles Le Breton, ancien proviseur du lycée de Laval : *L'Ecole d'Avranches au XIe siècle, sous Lanfranc et Saint Anselme* (2). Il dut en être l'un des brillants élèves et cette école d'Avranches eut un grand éclat dans ses origines.

Mais humble et modeste religieux caché sous les voûtes d'un cloître, il n'eut qu'un désir celui d'y vivre ignoré. Hugues n'a donc pas d'histoire. Cependant l'éducation qu'il avait reçue semblait lui présager des succès dans le monde, car son esprit que trahissent les écrits de ce lettré était toute grâce, gaieté fine et charmante, joie des yeux, élégance, rythme, cadence et poésie.

4° *Poésie de Notre-Dame-de-Paris*

TITULUS SANCTE MARIE PARISIENSIS ŒCLESIE

Vitam Vitalis vitalem vita reliquit.
Summe Deus, qui cuncta potes, qui cuncta creasti,
Qui, genus humanum redimens, baratrum spoliasti,

---

(1) *Sancta Maria Discooperta Andegavorum de suburbio.*
(2) Avranches, 1869, in 8° brochure.

Vincla crucemque pati qui pro nobis voluisti,
Omne quod est lege stabili qui disposuisti,
Fac ut perpetua cum sanctis luce fruatur
Abbas Vitalis, pro quo grex iste precatur ;
Elige pastorem pastoris nomine dignum,
    Qui desolas hujus oves foveat.
Vivere quid prodest ? Quid honor ? Quid gloria rerum ?
Quid genus aut species ? Series quid longa dierum ?
Cum nemo vivat quia mortis lege prematur,
Cum non sit quicquam cui parcere mors videatur.
Immo sorte pari super omnia vult dominari,
Nec differre putat a divite pauperiorem,
Nescia cui parcat, quasi nullum noscat honorem ;
Et sic equales tandem et facit omnibus omnes.
Atque tot et tanta que mundus fertur habere,
Conperiunt tunc esse nichil, nichilumque valere
Dum vixere tamen petierie nichil valiturum,
Nil petiere sibi quod non esset periturum :
Gaza perit, perit omnis honor, speciesque genusque,
Omne perit ; non omne tamen : nam si quis habetur
Justus, in eternum vivet, nec morte premetur,
Iste sibi cavit, cavit sibi ne moreretur ;
In mundo sic vixit, uti vita frueretur.

Vers du chapitre de Notre-Dame de Paris

Dom Vital a vécu son austère existence.
Dieu, qui domine tout par sa magnificence,
Qui mourut sur la croix pour le pauvre pécheur,
Et ainsi l'arracha d'un abîme d'horreur,
Qui dispose de tout et aux cieux et sur terre,
Qui répandit la foi et créa la lumière,
Proclama pour abbé de ce troupeau béni
Vital, le doux pasteur, qui de tous fut l'ami.

Qui reconfortera ses brebis délaissées ?
Qui pourra célébrer ses glorieuses années ?
Qui peindra son génie en des termes touchants ?
Mais la mort, sous sa loi, fait taire tous les chants,
Elle est impitoyable et n'épargne personne !
Car le cruel destin, qui jamais n'abandonne
Le pauvre qui mendie et demande son pain,
Ni le riche opulent revêtu de satin,
Est un cheval fougueux, à la course rapide.
Si puissant que l'on soit dans ce monde insipide,
Il faut un jour pourtant dire un dernier adieu ;
La santé est un leurre et un mensonge bleu,
Vains mirages trompeurs, qui bientôt se dissipent ;
Les trésors, les honneurs, tous s'en vont, tous périssent.
Tout n'est que vanité sur la terre ici bas,
Sauf la loi du Seigneur, qui doit guider nos pas.
En suivant son chemin, que Vital nous enseigne,
Nous irons dans les cieux, si notre Dieu le daigne.

Lorsque les délégués de l'abbaye de Savigny furent parvenus à Paris, pour y annoncer la mort à jamais déplorable de saint Vital, ils présentètent son rouleau funèbre successivement à Saint-Martin-des-Champs, à Saint-Germain-des-Prés, à Sainte-Geneviève, à Notre-Dame et à Saint-Magloire, de même qu'ils le firent à Argenteuil, à Saint-Denis, à Rueil, à Chézy, à Essommes.

A raison de son origine, puisqu'elle est l'émanation réelle de la capitale de la France, nous croyons devoir faire connaître l'expression sympathique du chapitre de Notre-Dame. Peut-être dans ce même rouleau aurions-nous quelque *titulus* plus caractéristique à choisir, mais celui-ci dans son austérité résume d'une façon concise et complète les principes du dogme et de la doctrine religieuse sur la mort, à laquelle la nature est soumise. L'écrivain ne connaissait probablement pas saint Vital. Alors il a cru devoir développer quelques conseils de soumission aux règles générales de la destinée.

5° *Vers attribués à Héloïse*

Flet pastore pio grex desolatus adempto.
    Soletur miseras turba fidelis oves ;
Proh dolor ! hunc morsu sublatum mortis edaci,
    Non dolor aut gemitus vivificare queunt.
Ergo quid lacryme ? Quid tot tantique dolores
    Prosunt ? Nil prodest hic dolor, imo nocet.
Sed licet utilitas ex fletu nulla sequatur,
    Est tamen humanam morte dolore patris ;
Est etiam gaudere pium, si vis rationis
    Tristicie vires adnichilare queat.
Mors etenim talis non mors sed vita putatur ;
    Nam moritur mundo, vivit et ipse Deo,
Oret pro nobis, omnes oremus ut ipse
        Christum
    Et nos ad vitam perveniamus. Amen.

Monastère de Notre-Dame d'Argenteuil

Nous pleurons le pasteur qui laisse son troupeau.
Il entourait de soins ses brebis bien aimées !
Hélas ! Douleur profonde, il est mis au tombeau ;
Et toutes nos douleurs seront inconsolées !
Mais pourquoi donc gémir ? Mais pourquoi tous ces pleurs ?
Pourquoi tous ces chagrins ? Pourquoi plus d'espérance ?
Bon pour l'homme incrédule aux suprêmes bonheurs.
N'avons-nous pas en nous la douce confiance
En la bonté de Dieu pour calmer nos regrets ?
Sa mort ! Mais c'est l'aurore, idéale et heureuse,
De sa béatitude, aux lumineux reflets !
Sa mort n'est pas la Mort, mais la vie radieuse.
Prions, afin qu'un jour, nous aussi, nous puissions,
Du Christ et de Vital, contempler les rayons !

La vie d'Héloïse est surabondamment connue.

Née vers l'année 1101, elle devait être âgée d'environ vingt-un ans quand mourut Vital. Déjà elle habitait l'abbaye d'Argenteuil, près Paris, lorsque son rouleau funéraire y fut apporté.

Tous ceux qui ont parlé de ces vers les ont attribués à Héloïse, et M. Léopold Delisle (1) a admis qu'il soit très possible, très admissible même, qu'ils soient de cette femme, dont la réputation littéraire est grande.

Cependant nous tenons à faire remarquer que nous ne connaissons d'elle que des *Lettres,* qui sont en prose latine. Elles révèlent incontestablement une haute valeur académique, et elles ont été qualifiées d'admirables pour le temps ou furent écrites ces correspondances exquises, bien qu'un peu pédantesques. L'antithèse et le syllogisme y fleurissent côte à côte, et l'on y trouve au moins autant de rhétorique que de passion exaltée. Les correspondances d'Héloïse avec Abailard, qui fut un professeur superlativement remarquable, ont été publiées de nouveau par Victor Cousin (2).

Mais encore une fois, nous n'avons vu aucune autre poésie d'Héloïse et nous ne saurions établir aucune comparaison.

Toutefois de la pièce que nous signalons, et qui est une œuvre harmonieuse et remplie de sensibilité, il se dégage un charme tellement intense qu'elle nous apparaît toute auréolée de génie poétique. Dès lors son attribution à Héloïse nous semble réaliser toutes les preuves de la plus parfaite certitude.

Hippolyte SAUVAGE et Camille JAMONT.

---

(1) Rouleaux des Morts. 1886, p. 299, n° 41.
(2) Paris, 1849.

Avranches. — Imp. typ. et lith. de Jules DURAND, rue Quatre Œufs, 24

www.ingramcontent.com/pod-product-compliance
Lightning Source LLC
Chambersburg PA
CBHW061519040426
42450CB00008B/1703